AF230485

CE QUE L'ON PEUT FAIRE

au Tonkin

Conférence faite sous le patronage

de L'*Union Coloniale française*,

et sous la présidence de M. AYNARD, député

par

M. ULYSSE PILA

Membre de la Chambre de Commerce de Lyon

Le 4 Février 1897

PARIS

UNION COLONIALE FRANÇAISE

56, RUE DE PROVENCE, 56

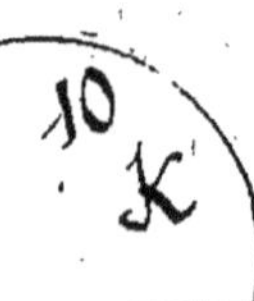
BIBLIOTHÈQUE NATIONALE IMPRIMÉS. R. F.

CE QUE L'ON PEUT FAIRE

au Tonkin

DÉPOT LÉG
N° Seine 937
1897

CONFÉRENCE FAITE SOUS LE PATRONAGE
DE L'*Union Coloniale française*,
ET SOUS LA PRÉSIDENCE DE M. AYNARD, DÉPUTÉ

PAR

M. ULYSSE PILA

Membre de la Chambre de Commerce de Lyon

Le 4 Février 1897

PARIS

UNION COLONIALE FRANÇAISE

56, RUE DE PROVENCE, 56

IK 10 377

CE QUE L'ON PEUT FAIRE

au Tonkin ?

Mesdames,
Messieurs,

L'Union Coloniale Française, poursuivant sa généreuse propagande en faveur de nos colonies et du développement de l'expansion qu'elles doivent provoquer dans toutes les branches de l'activité nationale, a décidé que les conférences de cette année seraient plus particulièrement consacrées à la vie propre, aux ressources et aux légitimes espérances que nos possessions d'outre-mer doivent nous laisser entrevoir.

C'est dans cet ordre d'idées qu'elle m'a fait le grand honneur de m'appeler à prendre la parole ce soir sur notre colonie du Tonkin, m'invitant à développer le sujet suivant : *Ce qu'on peut faire au Tonkin.*

Je m'empresse de déclarer que j'ai éprouvé quelque hésitation, quelque scrupule à traiter un sujet aussi vaste dans un cadre aussi limité que celui-ci. Le problème que synthétise si bien l'énoncé : *Ce qu'on peut faire au Tonkin*, ne saurait être résolu par un simple exposé de doctrines et de pratiques.

Je dirais même, si j'étais doué de quelque malice, qu'en face du Tonkin une telle question ne se pose pas. Car on peut tout faire au Tonkin, et je réponds ainsi, très affirmativement, en Tonkinois convaincu, ayant aimé dès le premier jour la terre des Garnier et des Rivière, et qui n'a pas cessé de l'aimer à travers les vicissitudes d'une enfance malheureuse et tourmentée.

Oui, pour un pays comme le Tonkin, aussi grand que la France, ayant 15 à 1800 kilomètres de côtes, s'appuyant d'une part sur une colonie prospère et fortunée — je veux parler de la Cochinchine — d'autre part sur le Laos, qui est en bonne voie d'organisation, dans un pays qui a des points de contact nombreux avec le Céleste-Empire, avec cette Chine dont un orateur autorisé, M. l'ingénieur Dujardin-Beaumetz vous disait récemment, à cette même place, qu'elle constitue « la plus admirable machine de peuplement, de production et de consommation » — dans un pays tel, qui compte seize à dix-huit millions d'habitants, il n'est point téméraire d'affirmer qu'on peut tout faire !

Mais il s'agit de préciser comment on peut le faire, et quel rôle l'Etat doit jouer dans cette œuvre.

L'Etat ? Certes oui. J'entends bien, il est vrai, les protestations alarmées des économistes irréductibles, et je tiens tout de suite à les rassurer.

Non, je ne préconise point ici la conception de l'Etat-Providence et je laisse au socialisme d'Etat ses erreurs et ses périls.

Mais encore que je sois un partisan farouche de l'autonomie de l'individu, je crois qu'il n'est pas mauvais pour ceux qui savent, d'instruire ceux qui ignorent. J'estime qu'il est du devoir des gouvernants d'initier les peuples à ce qu'ils ignorent.

Et ceux qui s'efforcent d'ouvrir aux générations futures des voies nouvelles, dans l'industrie comme dans le commerce, ceux qui, sous la protection du drapeau national, préparent ces voies, ceux-là doivent se consacrer à l'organisation des conquêtes que le courage et l'héroïsme de nos soldats nous garantissent.

Le rôle de l'Administration — qu'elle soit civile ou qu'elle soit militaire — n'est-il pas, je vous le demande, d'organiser le nouveau domaine en facilitant la tâche du colon, de façon que celui-ci en arrivant ne perde pas son temps, son argent, son énergie et jusqu'à ses espérances. Il faut que le colon sache ce qu'il peut faire ou entreprendre dans la colonie qu'il a adoptée et qui l'adoptera à son tour, en un mot qu'il y soit attiré.

Eh bien, en cela l'État a-t-il fait son devoir, lors de la mise en valeur du Tonkin? Il est permis d'en douter. Je n'incrimine pas, je constate. Je n'apporte ici aucune accusation volontaire, aucun parti pris. Je reconnais, au contraire, que l'Administration a été aux prises avec les plus graves difficultés, et que dans toutes les circonstances elle a agi comme elle elle a pu, uniquement pénétrée de l'intérêt général de la colonie. J'ajoute que nos fonctionnaires coloniaux — j'entends ceux de l'Indo-Chine — trop dépréciés et souvent trop méconnus, ont donné en maintes circonstances les preuves de leur attachement à la colonie, et de leur foi indestructible dans ses destinées.

Eh bien, c'est avec des serviteurs dévoués, attachés au sol, et qui ont la foi, que s'étayent les entreprises solides.

Je ne fais donc point le procès d'un personnel mal

choisi, mal préparé au début, mais qui est aujourd'hui à la hauteur de toutes les conjectures ; je crains plutôt qu'on n'ait trop exigé de ceux même qui ont l'honneur de le diriger.

Je m'explique : Tous ceux qui s'intéressent aux choses de l'Indo-Chine ont été frappés, comme moi-même, des catastrophes successives qui nous ont enlevé, à des intervalles rapprochés, nos meilleurs organisateurs, nos administrateurs les plus distingués. Une sorte de fatalité semble poursuivre les gouverneurs-généraux, tandis que nos officiers, qui travaillent au développement de la colonie avec le même dévouement, se montrent plus résistants et accomplissent parfois plusieurs séjours réitérés dans le pays. Eh bien, lorsqu'on se rappelle les nombreux malheurs que nous avons tous déplorés, on peut vraisemblablement en inférer que les gouverneurs qui ont disparu ont tous été des victimes du devoir et des martyrs de leur mandat.

Il ne faut pas l'oublier, en effet : gouverner, diriger, administrer sous ce climat du Tonkin quatre grands pays constitue une tâche surhumaine. Les circonstances qui militaient il y a quelques années en faveur de l'unité Indo-Chinoise n'existent plus aujourd'hui. La Cochinchine, le Cambodge, l'Annam et le Tonkin forment une vaste agglomération de dix-huit millions d'habitants environ, sur lesquels s'étendent les pouvoirs absolus d'un gouvernement unique. Celui-ci, en dehors de la responsabilité énorme qui l'écrase, se trouve interpellé à chaque instant par la métropole, qui multiplie comme à plaisir ses demandes de renseignements ou ses observations ! A chaque instant, le moindre incident oblige le gouverneur à se déplacer ou à prendre la

mer, souvent mauvaise dans ces parages. Il doit
être partout en même temps, satisfaire le colon et
l'opinion, s'inquiéter de ce qui peut bien se passer
au Laos, au Siam et même en Chine, correspondre
avec les pouvoirs publics, les différents services coloniaux et les particuliers. N'est-ce point là un sur-
menage constant et n'y a-t-il pas lieu de mieux ré-
partir la besogne qui incombe à l'administration ?
Et est-il naturel et prudent qu'un gouverneur
général ait à se déplacer à chaque instant ?

Le climat du Tonkin n'est point meurtrier, il faut
s'empresser de le dire, et depuis longtemps le problème de la vie à la française a été résolu là-bas.
Mais il faut se garder de tout excès, de tout surme-
nage. Il est indispensable de mener une vie calme
et régulière, avec un travail modéré et un grand
ménagement des forces physiques. Sinon c'est la
fièvre, l'anémie et tout le cortège des affections
chroniques qui détruisent les organismes les plus
robustes et les tempéraments les plus vigoureux.

La division de l'Indo-Chine, la division des pouvoirs immenses confiés au gouverneur s'impose donc
de toute nécessité. L'expression d'Indo-Chine peut
être conservée, le gouverneur général ayant toujours la direction politique et militaire absolue du
pays. Mais au point de vue financier et purement
administratif la Cochinchine, le Tonkin, l'Annam
et le Cambodge doivent être dotés de l'autonomie
la plus large. Chacune de ces régions aussi différentes entre elles que le sont la France et l'Alle-
magne jouirait ainsi d'institutions qui lui seraient propres et qui seraient appropriées à ses besoins, à sa civilisation, à ses destinées.

Je n'ai point la prétention d'émettre une idée

neuve, que des personnes plus autorisées que moi ont déjà soutenue et propagée, et qui a sollicité même l'attention des pouvoirs publics. Mais il n'y a plus à tergiverser et je souhaite ardemment que la réforme soit réalisée le plus promptement possible. Je ne vous apprendrai rien en vous disant le travailleur infatigable, actif, dévorant qu'est M. Doumer, le gouverneur qui vient d'être appelé en Indo-Chine. C'est bien en cela le « right man in the right place », et il serait profondément attristant de voir toute cette énergie, tout ce désir de bien faire paralysés ou anéantis en quelques mois par la répétition des mêmes errements.

Il n'y a plus une faute à commettre ; il n'y a plus un gouverneur à sacrifier sans profit, sans résultat.

Lorsque le gouverneur du Tonkin sera moins absorbé par d'autres préoccupations, qu'il pourra se consacrer entièrement à *sa* colonie, il ne tardera pas à reconnaître combien elle est riche, combien elle peut être fécondée, et il trouvera bien vite les moyens de la mettre en valeur. Car ce pays, qui compte seulement douze millions d'habitants, peut en nourrir vingt-cinq ou trente ! Il est placé aux confins de la Chine, l'un des marchés les plus trafiquants du monde. Il suffit de lui rendre son ancienne fertilité par l'agriculture d'abord, puis par l'industrie et le commerce. Voilà donc ce qu'on peut faire au Tonkin : l'agriculture, l'industrie et le commerce.

Le Tonkinois, comme l'Annamite ou le Chinois, est peut-être le premier cultivateur du monde. Le sol du Tonkin convient à toutes sortes de cultures. Il est d'une richesse d'humus extraordinaire et renferme en grandes proportions des débris organiques. Malheureusement les Tonkinois, toujours effrayés, pressurés, en butte aux vexations, sont allés s'entasser dans le Delta du Fleuve-Rouge, tandis que d'immenses plateaux s'étagent jusqu'à la frontière de Chine, livrés à la brousse et complètement perdus, sauf pour les contrebandiers... qui sont les pirates.

Ainsi il importe de pousser la population vers ces espaces déserts qui, je le répète, sont d'une fertilité incontestable. Et c'est ici que l'Etat doit intervenir d'une façon salutaire et efficace. C'est ici que l'Administration supérieure doit faire preuve d'initiative en réalisant en quelque sorte *l'inventaire foncier* de la colonie. C'est à elle qu'il appartient d'organiser l'agriculture, en indiquant et facilitant les meilleures cultures suivant la nature du sol, en constituant des chambres techniques spéciales, en nommant des inspecteurs et des professeurs qui vulgarisent — comme dans la Métropole les professeurs départementaux — les meilleurs procédés d'assolement, d'élevage et d'appropriation ou d'ameublissement.

Par là, la tâche du futur colon sera toute tracée, et la méthode n'est point si difficile en réalité qu'elle paraît. Elle a été déjà appliquée ailleurs. C'était celle des premiers colonisateurs de la vieille France qui s'attachaient d'abord au sol, avant de tenter des entreprises commerciales ou industrielles. C'est celle qu'emploient les Anglais et les Hollandais, ces maîtres colonisateurs du xixe siècle.

En Angleterre — pays de liberté, où ne fleurit point précisément le socialisme 'Etat — lorsqu'une colonie est fondée, la métropole seule fait les frais de premier établissement.

Je ne citerai qu'un exemple tout récent. Lorsque

la Birmanie—que les Anglais considèrent—en concurrence avec le Tonkin,—comme leur meilleure voie
de pénétration en Chine — fut définitivement
annexée à l'empire des Indes, en 1884, (vous savez
dans quelles circonstances) le *Colonial Office*, à
Londres, expédia sur les lieux une brigade de
« prospecteurs » officiels, d'ingénieurs, d'agricul-
teurs et d'experts du commerce et de l'industrie
qui reçurent l'ordre de dresser en quelque sorte
l'inventaire du pays. Etudier le terrain, relever la
topographie, tracer les routes, analyser les couches
du sol, fouiller les tréfonds, déterminer les cultures les plus convenables, l'emplacement des
futures exploitations agricoles ou industrielles, en
un mot préparer les voies et moyens de la mise en
valeur du pays, telle fut la tâche que l'Etat confia à
ses commissaires. L'enquête terminée les renseignements les plus précis ont été fournis aux émigrants, qui n'ont eu à gaspiller ni leur temps ni
leur argent, et la Birmanie est aujourd'hui une
colonie des plus florissantes.

Les Hollandais nous donnent à Java un exemple
encore plus suggestif de ce que peut une administration, qui sait ce qu'elle veut et comment elle le
veut.

C'est en 1816 que les colonies des Indes orien-
tales revinrent à la Hollande, et dès cette année les
Hollandais s'installèrent à Java.

Jusqu'en 1830 leur administration fut des plus
difficiles et des plus pénibles.

En Europe les Hollandais étaient absorbés par la
politique continentale, et à Java même les indigènes se soulevaient et les guérillas incessantes des
insurgés coûtèrent la vie à plus de dix mille Euro-

péens et de vingt mille Javanais. Je ne parle point des pertes énormes d'argent et des ruines qui furent accumulées durant cette période.

Mais en 1830 le gouvernement de la métropole se trouvant au milieu des plus grandes difficultés financières, en face de déficits constants dans les budgets, le roi exigea que l'on adoptât pour les colonies une politique différente, et qu'au lieu d'être une charge pour la métropole, elles devinssent au contraire une source de revenus.

Le général Van den Bosch fut nommé gouverneur des possessions hollandaises en Malaisie et, après des études approfondies, le nouveau gouverneur imagina le système des cultures riches; et basant son système sur ce principe que, d'après les anciennes institutions javanaises, « la terre appar-« tenait au seigneur qui avait le droit d'exiger des « occupants une certaine redevance en retour de sa « protection », il édicta que cette redevance consisterait en un cinquième de la propriété, et que ce cinquième au lieu d'être cultivé en riz, seule culture usitée jusqu'alors, serait cultivé à l'avenir en produits riches désignés par l'Administration.

Ces cultures en quelque sorte *officielles*, si j'ose m'exprimer ainsi, furent le tabac, l'indigo, le poivre, la cannelle, le sucre, le thé, le café, tous articles précieux d'une grande valeur et d'une large consommation en Europe.

Le but à atteindre et qui fut atteint ne fut donc pas seulement de procurer d'immenses ressources au gouvernement de la Métropole, de l'enrichir même si l'on veut. Mais le grand avantage de ce système fut *de créer un immense commerce avec l'Europe*; c'est à ces fins, croyons-nous, que nous créons des colonies. C'est le point qui nous occupe en ce moment.

Des directeurs de culture furent désignés dans chaque province, des contre-maîtres et surveillants européens ou indigènes envoyés en inspection indiquaient pour chaque nature du sol la culture la plus propice et surveillaient celles qui étaient en cours.

Pour stimuler le zèle des paysans, des récompenses honorifiques et pécuniaires furent allouées aux familles, aux villages qui donnaient les plus abondantes récoltes.

Tel est dans ses grandes lignes le système de Van den Bosch, mis en activité depuis 1831.

Et voici maintenant les résultats :

Les indigènes, qui jusque-là ne s'étaient occupés que de l'article indispensable à leur existence, le riz, sans autre commerce au dehors, furent initiés à la connaissance et à la culture de produits destinés à l'Europe.

Les capitalistes hollandais qui, jusqu'en 1830, ignoraient presque tous l'existence de Java et ses richesses (et vous connaissez les colossales fortunes qui s'y sont faites), les capitalistes se lancèrent dans les entreprises coloniales et les exploitations agricoles.

Pour ne citer qu'un exemple, je prendrai le café qui produisit :

En 1840...................	36.340.000 kilog.
De 1840 à 1850 en moyenne.	57.540.000 —
De 1851 à 1860.............	60.303.000 kilog.
De 1861 à 1870.............	56.000.000 —
De 1871 à 1880.............	61.811.000 —

Avec de tels éléments de travail, la pacification et

la prospérité de Java furent rapides. La population s'accrut promptement. Les grands marchands chinois vinrent en nombre. Les travaux publics apportèrent de grandes facilités de locomotion et de transport. Tout un outillage commercial se constitua : compagnies de transports, d'assurances, de banque, et Java prit rang parmi les grandes colonies européennes du monde.

Les chiffres suivant parleront plus que tous les qualificatifs.

Le chiffre des importations s'éleva :

En 1873............	à	233.874.000	francs
En 1877............	à	322.779.000	—
En 1881............	à	333.186.000	—
En 1885............	à	291.620.000	—

La réduction de ce dernier chiffre s'explique par la crise économique qui sévit sur le monde entier à cette époque.

Les exportations ont atteint :

En 1873............	322.768.000	francs.
En 1877............	453.059.000	—
En 1881............	371.964.000	—
En 1885............	394.949.000	—

Les budgets progressent en raison de l'extension commerciale :

1874	Recettes	307.000.000	francs.
	Dépenses	287.000.000	—
1878	Recettes	313.000.000	—
	Dépenses....	312.000.000	—
1882	Recettes	273.000.000	—
	Dépenses	315.000.000	—
1886	Recettes	273.000.000	—
	Dépenses	270.000.000	—

Sur ces sommes, 160.000.000 francs furent employés aux travaux publics de 1883 à 1885. La population de Java qui, au début de ce siècle, était de 4.000.000 d'habitants, passe en 1853 à 10.000.000, et en 1871 à 19.000.000, pour atteindre, en 1890, 25.000.000, et 30.000.000 d'habitants en 1897.

Voilà, Mesdames et Messieurs, le résultat d'un plan d'action pratique, visant un but à atteindre, et poursuivi avec méthode jusqu'au bout.

Mais les Hollandais le conçurent à leur profit exclusif et le mirent en pratique en égoïstes. Ils firent de leurs sujets presque des esclaves et prirent tout le fruit de leurs labeurs.

Le commerce ne fut pas libre à l'origine. Le droit du prince s'exerça avec rigueur. Le gouvernement était seul l'acheteur, au prix fixé par lui, et presque toujours arbitrairement.

De là, des mécomptes, des insurrections qui, dans ces dernières années, ont désolé certaines parties de l'île.

Mais prenons de ce système ce qu'il a de bon, rejetons ce qu'il a de mauvais et ce qui serait contraire à notre caractère généreux, humanitaire et libéral. Appliquons-le sur d'autres bases au Tonkin.

La situation géographique des deux contrées, leur superficie en font deux sœurs. Nos nouvelles possessions de l'Indo-Chine sont même plus riches, car elles donnent la soie, que Java ne produit pas ; et les mines y sont plus abondantes. Mettons toutes ces richesses en exploitation, créons un commerce et nous attirerons le colon et les capitaux dont il a besoin.

Mais pour ce faire, sans négliger la culture naturelle du pays, le riz, qui est la première de toutes ses richesses, il faut de toute nécessité, pour le surplus et les terrains de coteaux, diriger l'indigène vers les cultures riches, telles que le thé, le café, la soie, le chanvre, la ramie, les graines oléagineuses, l'indigo, le tabac, le coton, etc., tous produits de consommation et de commerce chez nous, et qui peuvent être obtenus facilement au Tonkin.

Voilà le vrai champ d'action à féconder, voilà, avant toute autre chose, la vraie politique dont l'Administration doit s'inspirer, celle du travail du sol, qui peut donner tous les produits des pays chauds et des pays tempérés.

Le jour où le Tonkin possédera un département de l'agriculture comme il en existe dans toutes les colonies anglaises, avec des professeurs, des conférenciers, des experts qui iront, de village en village, propager les meilleurs procédés de culture, et enseigner — comme cela se fait en France — l'emploi pratique des fumures, des engrais, la taille, en un mot la science agronomique pratique ; le jour où le cadastre sera complètement relevé, le terrain analysé, les voies de communiction répandues partout, les populations se porteront d'elles-mêmes au travail des champs.

Ces résultats, il appartient à l'administration seule de les faire naître, en s'attachant au colon, en lui facilitant son œuvre, en la lui traçant même, lui montrant ainsi qu'on prend son intérêt, au lieu de le tracasser ou de l'inquiéter par des réglementations étroites ou des suspicions mesquines.

Là encore, les Anglais nous fournissent un utile enseignement. Toutes les colonies anglaises entretiennent à Londres un bureau de renseignements

auprès desquels les émigrants et négociants inté-
ressés puisent gratuitement toutes les indications.
Ces bureaux de statistiques, ne donnent pas
seulement des renseignements de tout ordre sur la
colonie visée, ils proposent même des terrains et
des entreprises possibles, en sorte que les neuf
dixièmes des colons partent avec une ligne de
conduite a suivre toute tracée. Chez nous, les neuf
dixièmes des émigrants s'expatrient sans plan
arrêté, sans programme, et souvent — il faut bien
l'avouer — sans posséder les capitaux suffisants ;
et les nouvellistes qui ne vont pas au fond des
choses, mais qui représentent l'opinion — au gré de
leurs idées — les nouvellistes condamnent les entreprises coloniales, en répétant que nous n'avons pas,
nous Français, l'esprit de colonisation !

Eh bien, je vais montrer combien cette opinion est
fausse, même en ce qui concerne le Tonkin. Le récit
qui suit est en lui-même tout un enseignement.

En 1892, l'Indo-Chine avait à sa tête un vice-roi —
je veux dire un gouverneur — qui avait été investi
des pouvoirs les plus étendus, les plus absolus. Sa
moindre qualité était d'aimer la colonie et les
colons, de soutenir et d'encourager les initiatives
privées, en leur accordant le concours effectif de
l'Administration. M. de Lanessan, c'est de lui qu'il
s'agit — avait compris que l'Agriculture est le premier instrument de colonisation d'un pays, et que
c'est le plus puissant. Il rencontra sur sa route un
Lyonnais — il y en a beaucoup au Tonkin — qui
avait l'intention de créer un domaine agricole. Les
ressources que ce dernier présentait étaient min-
ces ; mais sa volonté et son courage étaient grands.
M. de Lanessan lui persuada de solliciter une con-

cession de 6.000 hectares, d'une importance suffisante pour rénumérer les frais, mais qui n'effraierait pas la Métropole! Elle était située dans le deuxième territoire militaire. Le concessionnaire, ancien élève de l'Ecole forestière de Nancy, offrait toutes les garanties de compétence nécessaires pour mener à bien une entreprise agricole. Le gouverneur le recommanda aux autorités militaires du deuxième territoire qui se trouvait placé en ce moment sous le haut com mandement du colonel Gallieni, aujourd'hui général et gouverneur de Madagascar. Je n'ai pas à faire ici l'éloge de ce pacificateur et de ce colonisateur hors pair, un des rares soldats qui comprennent que le soldat est le précurseur et le collaborateur du colon, et qu'il n'est pas envoyé aux colonies pour lui-même, mais pour le colon.

Le colonel Gallieni ne douta pas un instant du succès de l'entreprise que tentait notre Lyonnais dans son vaste domaine, et s'intéressa personnellement à l'œuvre. Il fournit des corvées pour débroussailler le terrain par le feu, une route et des chemins furent tracés à travers la concession, et celle-ci régulièrement délimitée. Ce travail préliminaire accompli — c'était le plus pénible à réaliser — le concessionnaire fit appel aux nomades, aux gens errants de la contrée ; il y en avait beaucoup qui étaient devenus des pirates professionnels — et qui ne l'étaient devenus que par misère, ne possédant plus rien et n'ayant plus les moyens de posséder.

Eh bien, ces pirates redevinrent des travailleurs le jour où ils reçurent un lopin de terre et tout ce qui fallait pour le mettre en valeur : des « cagnas », des instruments aratoires, des buffles de labour.

des semences, du riz pour se nourrir, etc. Ils étaient tenus de fournir à titre de rétribution, la moitié du produit du sol au concessionnaire.

Peu à peu, des agglomérations de 10 feux, de 20 feux furent constitués, et à mesure que ces villages embryonnaires se créaient, le colonel Gallieni assurait la sécurité et faisait la police.

La première récolte eut lieu en 1893 ; elle ne donna pas de bénéfices. L'année 1894 fut plus satisfaisante. En 1895, pas de pluies, sécheresse extrême, par conséquent récolte nulle. Néanmoins, la pacification ne fut plus troublée dans la région de Lam, où se trouve la concession, et on n'eut à signaler aucun acte de déprédation ou de piraterie. L'indigène restait attaché au sol.

L'année 1896 a été très bonne ; plusieurs nouveaux villages ont été établis, qui ont porté la population de la concession à 1.800 âmes. Le dernier courrier du Tonkin arrivé hier m'a appris que la récolte avait donné 500.000 kilos de paddy au directeur de la concession pour sa seule part. Comme je le disais tout à l'heure, c'est le système du métayage qui a été appliqué à la concession. L'indigène reçoit le terrain, les buffles, les instruments, les semences et il donne la moitié du produit de son travail.

Notez que jamais l'Administration n'a eu à se préoccuper de cette concession. Il n'y a jamais eu le moindre trouble. Au fur et à mesure que les agglomérations se groupaient, l'Administration se bornait à nommer un mandarin chargé sous sa responsabilité d'assurer l'ordre et de rendre la justice. L'armée était employée à la surveillance générale et le chef de la concession s'occupait de diriger les cultures.

Ainsi, en quatre années, une colonie agricole florissante et de plein rapport a été organisée, et, je le répète, avec des mises de fonds peu élevées. Voilà ce qu'on peut faire au Tonkin, en matière de colonisation agricole.

Pourquoi ne pas généraliser au Tonkin ce régime du métayage si équitable, si doux à l'indigène et qui donne de si bons résultats? Les Chinois eux-mêmes s'y soumettraient sous notre direction, et ces travailleurs modèles seraient les plus puissants auxiliaires de la colonisation. L'expérience a déjà été pratiquée avec succès à Java, à Ceylan, à Singapour, à Manille, et dans tous les « Settlements ». N'y aurait-il pas là pour le protectorat une œuvre du plus haut intérêt à tenter? Veuillez bien remarquer en effet que rien ne s'opposerait à ce que des centres soient créés par appel d'offres, par adjudication ou par concessions.

Les demandes afflueraient certainement si l'on était assuré d'un appui moral de l'Administration. De vingt kilomètres en vingt kilomètres, dans des zones déterminées, il serait facile de fonder des villages qui rayonneraient peu à peu sur les deux rives du Fleuve Rouge de manière à amener la vie là où aujourd'hui règnent la désolation et la ruine, dans ces espaces déserts qui se profilent en éventail usqu'à la frontière de Chine! Sans compter que de ces irréguliers de la vie, de ces pirates dont la vocation n'est pas toujours très solide, vous ferez des travailleurs, vous n'aurez plus à entretenir un corps d'occupation aussi considérable, vous pourrez rapatrier de loin en loin quelques milliers d'hommes qui allégeront le budget métropolitain d'autant de millions

Ce ne sont pas là de purs rêves, ce ne sont point des paradoxes susceptibles de flatter notre amour-propre : ce sont des réalités tangibles et saisissables, et je suis persuadé qu'un des premiers soins du nouveau gouverneur sera de donner le plus grand essor à l'agriculture qui prépare les voies à l'industrie et au commerce.

Mais je ne voudrais point être accusé de préférence ou de parti pris en faveur de tel ou tel système de colonisation. Bien au contraire : c'est surtout en matière de colonisation que l'éclectisme a du bon !

Je vous ai déjà exposé ce qu'ont fait les Hollandais à Java ; j'ai dit quelques mots de la méthode anglaise. Eh bien, je tiens à faire ressortir tous les sacrifices que les administrations coloniales anglaises s'imposent, en vue d'aider les colons.

En Australie, dans la colonie de Victoria, dans la Nouvelle-Galles du Sud, en Tasmanie, au Queesland et même au Canada, l'administration locale porte tous ses efforts vers l'agriculture sous toutes ses formes (culture intensive, cultures industrielles, laitage, beurreries, etc., élevage, conserves, etc.).

Chacune de ces colonies entretient à Londres un bureau de renseignements gratuits et parfois même un entrepôt où se trouvent réunis tous les produits de la colonie. A certains jours de la semaine ou du mois — suivant les arrivages — a lieu une espèce de criée par les soins du représentant de l'administration locale ; et peu à peu les produits de la colonie sont connus et répandus dans le public, le courant d'échanges s'établit : le commerce se crée.

Mais dans la colonie même, les sacrifices de l'Administration sont bien plus considérables. Je ne considérerai que la colonie de Victoria, parce que celle-ci, suivant un rapport officiel que j'ai sous les yeux « a fait preuve de la plus grande énergie en « ouvrant avec la Grande-Bretagne un commerce « d'exportation chaque jour plus important. La « méthode adoptée a été la délivrance de primes « d'encouragement aux factoreries, à l'élevage, aux « laiteries industrielles, aux crémeries, aux beur- « reries et les subventions de toute nature accor- « dées à l'enseignement agricole... »

Permettez-moi de vous énumérer les primes d'encouragement auxquelles il vient d'être fait allusion.

Pendant l'année budgétaire 1894-95 (on sait que l'exercice financier, chez nos voisins, se clôt le 30 juin), pendant la période du 1er juillet 1894 au 1er juillet 1895, il a été distribué les sommes suivantes :

Pour la culture maraîchère...	55.000	livres st.
Aux fabricants de conserves..	37.000	—
Aux beurreries et laiteries....	79.000	—
Pour l'importation de semences et de plants...............	3.000	—
Pour l'enseignement technique	43.000	—
Pour les inventions nouvelles (outillage mécanique).......	4.000	—
Pour la publication de rapports sur l'agriculture, avec illus-trations....................	11.000	—
Pour les cultures forestières...	1.000	—
Total...........	233.000	—

Voilà donc une colonie anglaise, celle de Victoria, qui a employé 233.000 livres sterling, c'est-à-dire environ 6.000.000 de francs pour la colonisation agricole.

Aussi les résultats obtenus ont-ils été considérables. Dans l'espace de cinq ans, de 1889 à 1894, la superficie cultivée a été plus que doublée.

Et notez que ce que je dis de Victoria s'applique, dans des proportions plus ou moins importantes, à toutes les colonies anglaises sans exception.

Cet exemple n'est-il pas concluant et ne peut-on pas le suivre au Tonkin, qui se prête admirablement à la colonisation agricole ? Au lieu de voter chaque année 25 millions pour l'entretien d'une armée — dont la tâche est aujourd'hui en partie terminée — ne devrait-on pas en consacrer une portion à l'agriculture sous forme d'encouragements, de primes, de concours, de distinctions honorifiques, etc. ? N'a-t-on pas déjà organisé, dans la basse Cochinchine, des concours agricoles qui ont puissamment aidé au développement de cette riche et plantureuse colonie ?

Mais ces progrès ne sauraient être réalisés sans la création d'un département de l'agriculture. Lorsque les agents de ce département auront dirigé les indigènes vers la culture en quelque sorte nationale, celle du riz, puis vers les cultures riches : coton, tabac, pavot, soie, café, thé, chanvre, ramie, jute, essences aromatiques, etc., etc., l'industrie se créera avec les éléments que l'agriculture lui fournira. La main-d'œuvre est abondante et peu élevée. Le charbon est sur place et aux plus bas prix de revient.

L'expérience est faite : il suffit de suivre un programme et de ne pas renouveler les fautes qui ont été commises. Si l'on veut aboutir, il importe de ne pas retomber dans les errements du passé, ni dans les incohérences fiscales, comme celles qui ont trop longtemps été de règle au Tonkin.

Je n'en citerai que quelques-unes.

Il existe, au Tonkin, un produit d'une richesse incontestable, l'essence de badiane, qui s'obtient par la distillation du fruit de l'arbre. Le fruit s'appelle aussi « anis étoilé », sans doute parce qu'il affecte la forme d'une étoile, ayant de 3 à 5 centimètres de diamètre. L'arbre ne croît que dans la région de Dong-Dang et à flanc de coteau. Il atteint 7 mètres au maximum et ne rapporte pas avant l'âge de 5 ans. Les arbres ne produisent que tous les deux ans : ils se reposent donc un an sur deux.

Dès que le fruit est mûr, il est cueilli et porté de suite aux distilleries.

Le rendement est de 3 kilogr. d'essence pour 60 kilogr. de fruits.

Dans les premiers temps de la conquête, le gouvernement local, livré à lui-même par la Métropole, fut obligé de se créer des ressources. Il s'arrêta à un système de fiscalité qui a donné lieu aussi bien dans le sein du Conseil supérieur des Colonies que dans le Parlement à de vives discussions contradictoires. Il organisa des « fermes ». Tout fut affermé : il y eut la ferme de l'opium, celle de l'alcool, et je ne sais combien d'autres, parmi lesquelles celle de la badiane.

Le fermier était seul autorisé à acheter la badiane au producteur, qui ne pouvait la vendre qu'au fermier. Le contrat s'en rapportait à la sagesse du concessionnaire pour fixer un prix rémunérateur en faveur de l'indigène. La mise en pratique fut désastreuse, le concessionnaire fut molesté par les indigènes et l'autorité militaire qui administrait le territoire ne répondait plus de la sécurité, si la ferme était maintenue. On se décida à la supprimer, mais elle rapportait au budget une somme de 150.000 francs, qu'il fallait trouver ailleurs. On imagina alors de taxer l'arbre lui-même, on adopta l'*impôt par arbre*, et comme les arbres ne sont pas tous de même valeur et donnent des produits variables, on les classa en catégories (!). Il y eut ainsi :

1º Les arbres improductifs, en raison de l'âge ;

2º Les productifs non encore en plein rapport,

3º Les arbres en plein rapport,

4º Enfin les arbres en rapport décroissant.

Je vous laisse à penser à quelles difficultés on se heurta pour la perception de cet impôt. Il était à peu près impossible de compter les arbres qui étaient répandus sur une très grande superficie, alors les bureaux simplifièrent les choses : tous les arbres furent considérés en plein rapport. On obtint, ainsi, ce que j'appellerai l'idéal d'une bonne fiscalité. Mais les indigènes détruisirent bien vite leurs arbres, n'en plantèrent plus, et mirent l'Administration de nouveau dans l'embarras. Il fallait se procurer à tout prix ces deux cent mille francs que l'impôt devait « rendre ».

Eh bien, savez-vous ce qu'elle a imaginé ? La taxation existante qui avait l'heur de déplaire aux indigènes a été remplacée par un droit à la sortie, dont la perception est du reste impossible. La badiane étant produite dans des districts qui avoisinent la Chine, à proximité d'un port ouvert, Pac-khoï, où les marchandises n'acquittent qu'un droit de 5 0/0, au lieu de 10 ou 15 0/0, comme au Tonkin, la badiane, dis-je, s'écoula toute entière en Chine !

De ce fait, nous avons complètement perdu ce commerce au Tonkin.

Une importante maison de Paris a fait de vains efforts pour détourner le courant du marché chinois. Elle a dû y renoncer.

Néanmoins cette industrie de la badiane est une des plus rémunératrices qui puissent s'exploiter au Tonkin et je la signale comme une des plus faciles à réaliser, lorsque l'Administration aura modifié ses procédés fiscaux.

Mais voici un exemple plus caractéristique des errements qui ont été suivis au Tonkin.

M. de Lanessan s'était rendu compte qu'un des produits les plus riches, pouvant rendre de grands services aux manufactures lyonnaises était la soie du mûrier. Pour encourager cette culture, et pour compenser les risques considérables que les Européens peuvent éprouver dans la construction des usines, il eût l'idée d'allouer une prime de 4 francs par kilogramme de soie-filature produite dans la colonie.

.Là-dessus, il se passa ce qui se passe toujours en France. Un député s'émut; — nos députés ont l'émotion facile comme nous le savons, — il crut voir dans l'institution des primes à la filature, une concurrence déloyale de la colonie aux intérêts de sa région, et vite il réclama du ministre des Colonies, au mois d'octobre 1895, un arrêté annulant les susdites primes.

« ... Le Tonkin, disait-il, a plusieurs récoltes de
« soie par année, nous n'en avons qu'une. Il dis-
« pose d'une main-d'œuvre dix fois meilleur mar-
« ché que la nôtre (!) Il n'a aucune des charges qui
« nous écrasent (?) Les primes à la filature en Extrê-

« me-Orient sont injustifiables. Elles constituent un
« *gaspillage inutile.* »

Remarquez que la soie du Tonkin comme celle de
Chine qu'on appelle soie de Canton, est de qualité
inférieure, puisqu'elle ne vaut que 28 francs le
kilogramme, alors que la soie de France vaut
40 francs. Or cette soie bon marché est indispensable à la consommation lyonnaise. Comme nous ne
pouvons pas la produire en France, et qu'il faut
aller l'acheter en Chine, à Canton, où nos achats se
chiffrent annuellement par 25,000.000 de francs en
moyenne, il était naturel d'essayer de la produire
au Tonkin.

Malheureusement les ministres ne descendent pas
à ces considérations trop pratiques, trop éloignées
des pures spéculations de la politique, et l'arrêté
du gouverneur général vécut ce que vivent les mi-
nistères, c'est-à-dire trop peu de temps pour donner des résultats.

N'est-ce pas décourageant pour le colon qui était
poussé, qui se préparait même à se livrer à cette industrie au Tonkin ?

Il faut absolument que le gouvernement d'une
colonie soit laissé libre de faire ce qu'il croit utile
à la prospérité de cette colonie ; sinon, nous retom-
bons dans l'incohérence et le chaos. Ce n'est qu'à
cette condition que peuvent prospérer l'agriculture,
l'industrie et le commerce dans nos colonies.

Si tout ce que nous faisons et avons à faire dans
nos colonies doit être considéré comme portant
atteinte aux intérêts légitimes de la Métropole, si l'on
signale comme un danger le bas prix de la main-
d'œuvre, et jusqu'à la situation privilégiée que
crée un climat plus chaud que celui de la France,

il est bien inutile d'acquérir de nouvelles colonies. Il vaut tout autant rester chez nous et nous entourer de droits protecteurs insurmontables, comme d'une muraille de Chine inaccessible, pendant que des rivaux plus avisés, plus aventureux, plus respectueux de la liberté économique, feront pacifiquement et victorieusement la conquête du monde !

Messieurs, ne l'oublions jamais : pour nos colonies la meilleure des politiques c'est le laisser-faire, la liberté du commerce et de l'industrie. Pour satisfaire des intérêts privés qui trouvent ailleurs leur récompense, ne nous exposons pas à renchérir l'existence des peuples auxquels nous sommes censés apporter l'ordre et l'économie ! Nous dépensons des centaines de millions, nous sacrifions des centaines et des milliers de vies humaines pour créer ce qu'on appelle de nouveaux débouchés, et lorsque nos compatriotes vont organiser ces débouchés, lorsqu'ils commencent à s'outiller, à vivre de leurs propres ressources, l'Administration intervient, qui tue la poule aux œufs d'or.

Il en a été ainsi au Tonkin, où le décret du 29 novembre 1892, qui a rendu applicable le tarif général, a paralysé l'essor de l'industrie et du commerce.

Les documents statistiques de l'Union douanière indo-chinoise, insérés au *Journal officiel de l'Indo-Chine*, nous fournissent quelques chiffres suggestifs sur les droits que supportent les produits étrangers. Les voici :

Jambons, volailles, viandes salées....	15 0/0
Noix d'arec...........................	20 —
Tabac.................................	13 —
Espèces médicinales...................	10 —

Vin parfumé	30	0/0
Pétrole	15	—
Jossticks (bougies du culte pour les indigènes)	18	—
Poteries fines	48	—
Poteries grossières	22	—
Soieries et vêtements asiatiques	20 à 38	—
Papier chinois	45	—
Tabletterie, bimbeloterie, etc.	16	—
Ouvrages en métaux	13	—
Ouvrages en bois	18	—
Ouvrages en sparterie	14	—
Ouvrages en caoutchouc	20	—
Thé	12	—
Sucre, bonbons, confitures	30	—
Filés de coton	20	—
Fils de coton à coudre	14	—
Tissus de coton écrus	32	—
— — blanchis	20	—
— — teints	30	—
— — imprimés	43	—
— — façonnés	33	—
Velours, couvertures, bonneterie, etc.	33	—
Produits tinctoriaux, dérivés du goudron de houille	38	—

Notez que tous ces produits sont de consommation courante et qu'ils sont frappés de droits prohibitifs.

Les populations de l'Annam et du Tonkin sont des populations sans fortune, vivant du produit de leur champ, sans luxe ni besoin, ayant des mœurs et des coutumes enracinées de siècle en siècle. Vouloir les forcer tout d'un coup à modifier ces coutumes, à changer ces besoins, c'est se heurter à l'impossible.

Elles ont consommé jusqu'à ce jour les produits asiatiques. Nous ne pouvons pas avoir la prétention de les changer, mais nous pourrions leur procurer

ces produits asiatiques, nous pourrions commercer '
trafiquer, si les barrières douanières n'étaient pas
là, et à la rigueur les fabriquer nous-mêmes sur
place.

Certes, ces droits procurent au Protectorat des
ressources considérables, mais il ne faudrait pas
en conclure que ce système soit absolument à l'abri
de toute critique.

Un haut fonctionnaire des finances que le hasard
me fit rencontrer récemment dans un voyage entre
Marseille et Lyon, me disait que les finances du
Tonkin s'amélioraient de jour en jour. Il me citait
des chiffres et paraissait très optimiste.

Comme je lui demandais si l'accroissement de
recettes était dû au développement du commerce et
de l'industrie, à la pacification, ou à toute autre
cause, il me répondit, non sans esquisser un sou-
rire, qu'il fallait voir dans ce résultat l'application
parfaite du maximum de fiscalité !!

Est-ce là le moyen de nous attacher les populations et de créer un commerce d'échanges, soit avec
l'Europe, soit avec les pays voisins ?

Mais ne nous décourageons pas, malgré les
entraves fiscales ; le Tonkin est en bonne voie de
développement.

En 1890, les impôts annamites et les contribu-
tions indirectes procuraient au Protectorat 9.360.000
francs.

En 1895 , ces mêmes revenus s'élevaient à
20.656.000 francs.

La plus-value totale en cinq ans est de 10.656.000
francs, et la plus-value moyenne annuelle est de
2.016.000 francs.

Le Tonkin arrive donc à une période d'affermissement et de développement incontestables. Il peut vivre avec ses seules ressources, et l'heure paraît propice d'inaugurer cette politique d'encouragement — dont les Anglais se trouvent si bien — et qui seule peut attirer et maintenir le colon dans la colonie.

Quant au commerce, les importations totales du Tonkin étaient :

En 1875 de	865.000	francs
En 1884 de	9.922.000	—
En 1894 de	31.000.000	—
En 1895 de	30.686.000	—

Les exportations totales s'élevaient :

En 1875 à	685.000	—
En 1884 à	722.000	—
En 1894 à	15.000.000	—
En 1895 à	17.000.000	—

Le chiffre des importations et exportations était donc, en 1894, de 46.000.000 de francs, dépassant en dix ans de 36.000.000 celui de 1884.

L'industrie que l'on pourra entreprendre au Tonkin sera un jour un grand aliment de travail.

Tous les éléments du sol sont propices à l'industrie. Les textiles (jute, chanvre, ramie, soie, coton) et tous les minerais possibles s'y trouvent, la population est laborieuse et docile.

Mais pour introduire l'industrie, il y a un premier outillage à créer, et là encore les pouvoirs locaux doivent intervenir pour entraîner l'initiative privée, en accordant des primes ou des exemptions de droits en faveur du matériel de premier établissement.

Pour tous les engins dont le France a la spécialité et qu'elle fabrique à bon marché, qu'on leur assure la préférence. Mais pour tous ceux qui se font mieux, moins chèrement à l'étranger, pourquoi imposer à nos colonies l'obligation envers et contre tous, de supporter des droits qui absorbent 1/10, 1/5 du premier capital déjà si pénible à réaliser ? Est-ce là ce qu'on appelle favoriser l'émigration, l'expansion française ?

Les Anglais, eux, au contraire, ne cessent de subventionner sous formes de primes ou d'allocations directes les industries naissantes — comme nous l'avons vu pour la colonie de Victoria. Pourquoi ne pas les imiter ? Pourquoi écraser dès le début le colon qui veut faire de l'industrie ?

Malheureusement la matière première n'est pas encore et ne sera pas de longtemps assez abondante pour pouvoir créer une industrie et voilà une des raisons qui me font désirer avant tout de voir les cultures riches se développer au Tonkin. Et lorsque l'industrie rayonnera dans le pays, favorisée par l'extension de l'agriculture, le commerce s'organisera necéssairement de lui-même.

Ainsi les trois branches de l'activité humaine : l'agriculture, l'industrie et le commerce, peuvent être exploités avec profit au Tonkin, et à cette question : que peut-on faire au Tonkin ? je réponds : de l'agriculture, du commerce et de l'industrie.

Mais l'État (et j'insiste là-dessus) a le devoir d'être l'initiateur, de tracer la voie à suivre, d'encourager, de soutenir, et au besoin de « créer » le colon pour atteindre ce résultat.

Ce que peut l'Etat comme initiateur ? le Japon nous l'a prouvé tout récemment.

Ce petit pays a été ouvert à l'Europe en 1858.

Vous connaissez tous les missions d'études que le Japon a envoyées en France, et celles que la France a envoyées au Japon sur la demande du gouvernement du Mikado. Vous savez avec quelle étonnante facilité ce peuple s'est assimilé la civilisation occidentale. Le résultat, le voici :

En 1872, première année où ont paru des statistiques officielles, le commerce du Japon s'élevait à 50.469.346 dollars ;

En 1895, il était de 264.074.326 dollars.

Eh bien, pensez-vous que si l'Etat n'avait pas établi les premières filatures de soie, les premiers tissages de coton, les premières manufactures de tissus, pensez-vous que le Japon aurait pris cet essor et que nous aurions aujourd'hui à le considérer comme un rival redoutable ?

Certes, je n'aurai garde de me méprendre sur la prospérité excessive du Japon. Ce jeune et robuste rejeton du continent asiatique, ce frère jaune du Chinois est atteint à son tour du malaise qui anémie la vieille Europe et la pousse à l'hérésie économique. Et en vérité la guerre sino-japonaise n'a pas eu d'autre motif que de donner un peu d'air au Japon. Mais pendant trente années la fortune du pays s'est accrue d'une façon constante, et c'est au Gouvernement qu'en revient tout l'honneur.

En attendant cette période idéale où nous n'aurons que des éloges à décerner à l'Administration, nous pouvons donner au Tonkin un élément de richesse inépuisable — si toutefois nous voulons nous donner la peine de nous le garantir d'ores et déjà. — Je veux parler du Commerce immédiat avec la Chine, cet immense marché qui est à nos portes et que nous avons trop délaissé jusqu'ici.

Nous sommes allés au Tonkin à cause des voies de pénétration en Chine qu'il offrait. Or, qu'avons-nous fait pour entrer en relations avec ces provinces du sud du Céleste Empire qui ont une population si dense, si apte au trafic et au négoce ? Depuis les tentatives des premiers explorateurs qui reconnurent le fleuve Rouge, nous n'avons à signaler aucune tentative ayant pour objectif le Yun-Nan, le Sze-Tchouen et les deux Quouang, qui constituent l'hinterland naturel du Tonkin.

Eh bien, ce que ni l'administration de la métropole, ni l'administration du Tonkin n'ont songé à faire, la Chambre de Commerce de Lyon l'a tenté.

Après les événements de la guerre sino-japonaise et le traité de Shimonosaki qui ouvrait la Chine aux entreprises industrielles et commerciales, la Chambre de Commerce de Lyon songea au parti que l'on pourrait tirer de la situation nouvelle pour la région lyonnaise, en envoyant en Chine une mission composée de jeunes gens sortis de nos écoles de commerce et déjà initiés aux affaires.

Les pouvoirs publics acquiescèrent à cette heureuse initiative. M. Gérard, l'un de nos diplomates les plus dévoués et les plus actifs, donna son assentiment dans les termes suivants :

« ..... La mission lyonnaise, si heureusement
« conçue, avait au lendemain du traité de Shimo-
« nosaki et des conventions conclues le 20 juin 1895
« entre la France et la Chine, un caractère de rare
« opportunité. J'ai été heureux, pour ma part, de
« la recommander aux princes et ministres chinois,
« qui l'ont eux-mêmes très particulièrement recom-
    mandée, j'ose le dire, aux hautes autorités pro-
« vinciales.

« Le programme tracé à la mission m'a paru si
« judicieux, si pratique, si conforme à nos vérita-
« bles intérêts, que je ne doute pas qu'une entre-
« prise ainsi conduite n'ait, pour notre accès éco-
« nomique et pour notre œuvre de pénétration en
« Chine, tous les résultats qu'il est permis d'en
« attendre... »

La Chambre de Commerce de Lyon détermina
dans quelles conditions s'effectuerait ce voyage,
qui avait pour objectif la province du Sze-Tchouen,
l'une des plus riches et des plus peuplées de la
Chine.

Elle pensa tout d'abord à faire remonter le Yang-
tze-Kiang, la grande artère commerciale du Céleste
Empire, qui débouche dans la mer Jaune, mais
cette partie de la Chine a été suffisamment « pros-
pectée » par les Anglais et par plusieurs Français,
dont le plus connu est le grand « inventeur » (si
j'ose ainsi dire) du Tonkin, j'ai nommé Francis
Garnier.

Un programme plus large fut tracé à la mission
qui commencerait son voyage par le Tonkin et le
Yun-Nan, visiterait le Koueï-Tcheou, arriverait à
Tchung-King et reviendrait par le Yang-tze-Kiang.

Cinq jeunes gens élèves des écoles de commerce
représentant les différentes industries de la région
de Lyon furent désignés pour faire partie de la
mission. Les Chambres de Commerce de Bordeaux,
de Marseille, de Lille, de Roubaix et de Roanne,
voulurent bien s'associer aux projets de Lyon : elles
choisirent chacune un délégué.

Voilà donc la mission formée : il fallait un chef.
Le ministère des Affaires étrangères voulut bien
donner un témoignage de sa vive sympathie, en

détachant à la tête de la mission un de nos meil·
leurs consuls ayant longtemps résidé en Chine et
connaissant la langue du pays. M. Rocher prit la
direction de la petite troupe, et comme il était
indispensable d'assurer la santé de tout le monde,
le Ministre de la Marine accorda un médecin de
1re classe, le Dr Deblenne. Les fonctions de secrétaire général furent confiées à M. Henri Brenier,
petit-fils de M. Brenier de Montmorand, qui a laissé
à Pékin les meilleurs souvenirs.

Enfin, la mission quitte Marseille le 15 septembre
1895. Elle débarque à Haïphong le 16 octobre et
séjourne au Tonkin pendant tout le mois de novembre. Le 3 décembre elle arrive à Mongtzé, dans le
Yun-Nan et commence son enquête sur la province.
Le 27 décembre elle atteint Yun-Nan-Fou la capitale.

Afin d'élargir le champ d'observations et de se
familiariser avec la vie chinoise, notre monde se
fractionne en deux groupes. Le premier, sous la
direction de M. Rocher, remonte directement au
nord par Toung-Tchouan, Tchao-Toung, Souï-Fou;
l'autre, dirigé par M. Brenier, visite la province du
Koueï-Tcheou, par Kouey-Yang-Fou, Tsen-y-Fou,
Ky-Kiang-Hsien. Le 28 mars la mission se trouve
réunie [à Tchung-King. Après quelques jours de
repos dans cette ville qui est parfaitement organisée
et qui possède même des banques et des comptoirs
à l'européenne, la mission se dispose à reprendre le
cours de ses travaux. Sur ces entrefaits, M. Rocher
malade est obligé de rentrer en France, et M. Brenier le remplace à la tête de l'expédition. Trois
groupes sont formés et il est décidé que la saison
d'été sera consacrée à l'exploration approfondie du
Szé-Tchouen, au nord jusqu'à la frontière du Chen-

Si et du Kan-Su, à l'ouest jusque vers le Thibet, à l'Est et au Centre dans les districts soyeux. La Chambre de Commerce de Lyon est émerveillée de rencontrer parmi ces jeunes gens un tel élan et une telle ardeur. M. Gérard ayant approuvé ce programme, la Chambre en autorise l'exécution.

Le plan se réalise sans la moindre difficulté. La première fraction pousse jusqu'à Song-Pan, qui est le grand marché des laines et peaux de Mongolie, la deuxième visite Ta-Tsien-Lou, à la pointe extrême du Sze-Tchouen, et la troisième étudie en détail tous les marchés du centre et de l'Est de la province. En même temps, deux délégués descendent le Yang-Tzé jusqu'à Shanghaï et se rendent à Pékin pour saluer le ministre et lui rendre compte des premières impressions.

Pendant cette exploration de plus de six mois, aucun incident n'est survenu. La mission a vu des choses très intéressantes et étudié des produits nouveaux. Elle a pu constater que les populations du Sze-Tchouen, et surtout celles du Yun-Nan, ne sont pas réfractaires à toute affinité avec notre civilisation, et qu'il y a, en somme, de grandes probabilités d'en faire des clientes du Tonkin.

Pénétrée de l'intérêt que le Yun-Nan présente au point de vue du Tonkin, la mission redescend de ce côté, au commencement du mois de novembre 1896.

Trois groupes sont de nouveau organisés : le premier cherche à atteindre Canton par le Hou-Peh et le Hou-Nan. Nous avons reçu la nouvelle de son arrivée à Han-Kéou.

Le deuxième remonte le Si-Kiang (West-River) qui est depuis vingt-cinq ans l'objet des convoitises anglaises. Un télégramme récent nous a appris que cette étude, particulièrement intéressante, du bassin du Si-Kiang, a été heureusement effectuée.

Enfin, le troisième groupe passant par Yun-Ning, Pitsié, Lo-Ping, Ku-Tsin, vient d'entrer à Yunnan-Fou le 2 février.

La concentration générale se fera à Hanoï, vraisemblablement dans deux mois, lorsque le nouveau gouverneur général de l'Indo-Chine aura pris possession de ses fonctions.

Eh bien ! l'œuvre qu'une Chambre de Commerce a pu mener à bien, avec des ressources limitées, et sans ennui pour l'Etat, cette œuvre de « prospection » commerciale, pourquoi le Tonkin ne serait-il pas appelé à en bénéficier le premier ?

Pour cela, que faire ?

Il serait à souhaiter que le Protectorat continue à envoyer régulièrement de petites missions visiter les autorités chinoises, les mandarins des frontières, comme le colonel Gallieni a procédé à l'égard du maréchal Sou et des autorités du Kouang-Si. Il faut entretenir les relations que la mission française aura nouées, et surtout dissiper les préjugés, les malentendus qui ont détourné du Tonkin le commerce de la Chine.

Pourquoi le Chinois trafique-t-il si peu au Tonkin ? Un commissaire des douanes chinoises va nous le dire :

« ..... Le commerçant local ne connaît pas le « français, *est ignorant de la procédure exacte des* « *douanes du Tonkin, incertain de ne pas marcher* « *à l'encontre de quelque réglementation et d'être* « *soumis à quelque pénalité.....* »

On ne s'étonnera plus si le commerce de Mongtzé,

qui est d'environ 12 millions de francs, et que nous avons fait ouvrir pour nous, se trouve alimenté par Hong-Kong. Le Tonkin ne figure que pour 7 0/0 dans le chiffre des importations de Montgtzé. Quant aux exportations, la proportion est un peu plus forte ; elle est de 20 0/0.

C'est une question primordiale pour le Tonkin que celle des relations avec la Chine, et son avenir est lié indissolublement à la prospérité du commerce qu'il entretiendra avec le Céleste Empire.

Un simple exemple montrera quelles conséquences les relations de bon voisinage entretenues avec la Chine pourraient avoir pour notre colonie de l'Indo-Chine.

Parmi les marchandises qu'il est interdit d'importer en Chine, en vertu de l'article 15 du traité du 25 avril 1886 (convention Cogordan), figurent :

La poudre, le salpêtre, le soufre, les armes, le sel, etc.

Le jour où nos rapports seront devenus tout à fait cordiaux avec les Célestes, lorsque ceux-ci auront accoutumé de voyager au Tonkin plusieurs fois par an, d'y nouer des affaires, d'y commercer, ne nous sera-t-il pas facile d'obtenir l'atténuation de ces prohibitions qui sont on ne peut plus préjudiciables à notre colonie ?

Ainsi le sel, qui est un produit naturel de l'Annam et qui pourrait donner lieu à un trafic considérable, est devenu un article de contrebande courante, à laquelle les mandarins eux-mêmes participent. Il est échangé contre de l'opium ou du thé; et cela, au grand détriment de nos recettes douanières.

Nous pouvons et nous devons drainer à notre profit le commerce de la Chine méridionale, qui prend actuellement la voie de Canton deux fois plus longue que celle du Fleuve Rouge.

Mais pour cela il est indispensable de changer notre manière de faire, et de traiter le Chinois autrement que comme un éternel ennemi.

Tels sont les premiers enseignements qui ressortent de l'enquête effectuée par la mission lyonnaise.

Elle aura montré la voie à suivre dans l'avenir et les procédés du commerce avec les Célestes.

Pour féconder son œuvre, il est indispensable que nos grands marchands, nos industriels, envoient après elle des missionnaires marchands qui transporteront là bas des pacotilles composées des principaux produits de France, appropriés aux goûts des populations — d'après les indications de la mission. Les dépenses pour de tels voyages ne sont pas énormes, et le voyageur trouve encore une certaine aisance d'existence.

Les *missionnaires marchands* demanderont des permis de séjour, s'installeront dans les centres que la mission a déjà visités et feront counaître les marques françaises aux habitants de l'intérieur. C'est ainsi que les Anglais et les Allemands ont procédé et continuent de procéder pour accaparer les marchés de l'Est et du Nord.

Mais où trouver et comment former le personnel nécessaire à une pareille tâche ?

Je m'adresse encore une fois à l'Etat — puisque aussi bien notre centralisation ne nous permet point un autre parti — et je lui demande à l'Etat bien peu de chose.

Qu'il autorise ou qu'il facilite la création d'écoles coloniales à côté et au-dessus des écoles supérieures de commerce déjà existantes. Ce seraient en quelque sorte des écoles d'application, où après avoir obtenu leur diplôme et accompli leur service militaire, les élèves des écoles de commerce ayant les aptitudes et la « vocatiou » nécessaires, embrasseraient la *carrière coloniale.*

Ils puiseraient dans cet enseignement qui durerait deux années, les éléments de la langue, de la législation commerciale et industrielle, les procédés d'exploitation industrielle et commerciale, et surtout la connaissance des usages, des mœurs et des goûts des populations, etc., en un mot, ils se formeraient au commerce spécial du pays ou de la colonie qu'ils choisiraient.

Plusieurs groupes de colonies et de régions correspondantes seraient rattachés à une même école. Ainsi Lyon qui est en relations avec l'Extrême-Orient recevrait les candidats indo-chinois, japonais ou chinois, de façon que les « experts » sortant de son école aient en arrivant en Chine, au Japon, au Tonkin ou en Annam la possibilité de se faire comprendre, de vendre leur marchandise et de défendre les intérêts de leurs mandants.

L'école de Marseille pourrait préparer les jeunes gens qui se destinent aux colonies ou à la côte orientale d'Afrique. Bordeaux préparerait ceux qui iraient au Sénégal, aux Antilles. Le Havre ceux qui auraient une vocation pour l'Amérique, etc.

Il ne s'agirait point de toucher à l'Ecole Coloniale de Paris qui resterait une école d'administrateurs, il s'agit simplement de former un cadre de missionnaires marchands, d' « experts » commerciaux, comme disent les Anglais, capables de fonder un négoce et les entreprises qui en découlent.

Lorsque ce personnel sera recruté — et ce ne sont pas les vocations qui manqueront, soyez-en persuadés — nos colonies deviendront actives et prospères, et notre expansion commerciale ne sera pas un vain mot.

Certains trouveront sans doute que dans le rapide exposé qui précède, je n'ai pas suffisamment mis en lumière les diverses professions, les carrières spéciales, les situations personnelles qu'il est permis à l'émigrant d'espérer dans notre jeune colonie.

Mais tant que l'organisation du pays ne sera pas complète, tant que l'Administration n'aura pas fait tout son devoir, je crois qu'il serait imprudent et dangereux de hasarder des hypothèses que la réalité des choses vient vite confondre.

Losque les progrès que j'ai essayé de résumer dans cette causerie seront réalisés, il s'en ira tout autrement.

Ce jour-là, le Tonkin apparaîtra à tous comme la plus belle, la plus productive, la plus hospitalière de nos colonies. Les jeunes gens qui sauront secouer le *far-niente* familial, ceux qu'entraînera la vocation coloniale, tous ceux en un mot qui apporteront la jeunesse, la volonté et l'intelligence, ceux-là seront certains d'y exercer utilement et avec profit leurs initiatives et leurs activités dans les entreprises multiples de l'agriculture, du commerce et de l'industrie.

Mesdames et Messieurs,

Je n'ai plus que quelques mots à vous dire, je suis vraiment confus d'avoir retenu votre attention aussi longtemps et sur un sujet aussi aride, que celui qui nous a menés si loin les uns et les autres.

J'ajouterai que tout ce que je viens de vous démontrer de si rassurant pour l'avenir du Tonkin, tous les efforts de nos explorateurs pour placer sous notre domination des pays magnifiques, tous les avantages qu'une diplomatie prévoyante et avisée nous a préparés, toute la propagande faite par les Sociétés de Géographie, y compris cette conférence — car c'est bien une conférence de propagande — toutes ces nobles tentatives seront de pure perte et de nul profit, ou plutôt tourneront au bénéfice de l'étranger, si l'esprit d'entreprise commerciale et de colonisation ne pénètre pas dans les familles françaises.

Nous perdons notre temps, si nous n'avons point avec nous ceux qu'on appelle les « fils de famille ».

La France fait en ce moment des efforts extraordinaires pour maintenir son domaine dans le monde, et pour assurer l'existence des générations futures. Eh bien, lorsque l'avenir paraît de plus en plus incertain, soumis aux événements qui par ces temps d'imprévu déconcertent et émoussent les caractères les mieux trempés, lorsque d'un bout du monde à l'autre les peuples et les gouvernements élèvent à l'envie des barrières protectrices, et que se resserre le champ ouvert à l'activité des individus, on comprend le cri d'alarme poussé par un des maîtres de la plume dans une circonstance solennelle.

Je signale et je recommande aux mères de famille les conseils éloquents que M. Alfred Mézières formulait, à la veille du centenaire de Dupleix, à la Sorbonne :

« Nous avons possédé autrefois les plus belles colonies du monde, l'Inde, la Louisiane, Saint-Domingue, le Canada. Nous les avons perdues par la faute de la Métropole. Nos premières générations de colons étaient admirables ; leurs efforts, leur patience, leur industrie nous avaient donné des territoires qu'ils avaient organisés, qu'ils administraient supérieurement. C'est notre politique étrangère, ce sont nos guerres folles et malheureuses qui ont détruit leur œuvre.

« Aujourd'hui la situation est tout autre. Les nouvelles colonies que nous possédons, qu'aucune guerre étrangère ne menace, ni ne menacera dans l'avenir, si nous savons bien conduire nos affaires extérieures, nous les devons non à l'esprit d'aventure et à l'initiative privée, mais à l'énergie de nos soldats et de nos marins.

« L'armée et la marine ont fait leur devoir, tout leur devoir. La parole est maintenant aux commerçants, aux industriels, aux colons et particulièrement à la jeunesse française. Jeunes gens qui tenez entre vos mains les destinées de la patrie, voulez-vous vous laisser devancer dans votre propre domaine, comme cela arrive déjà ? Voulez-vous que les maisons de commerce qui se créeront en Afrique et en Asie, à l'abri de notre pavillon, portent des noms étrangers? Continuez à vous endormir mollement dans les douceurs d'une vie paisiblement ordonnée, continuez à entrevoir votre suprême ambition à travers vos rêves d'avenir, le traitement assuré, et l'avancement régulier du fonctionnaire.

« Mais sachez que dès maintenant la lutte pour l'existence va devenir très âpre, que l'encombrement de toutes les carrières est déjà effrayant.

Dans la société moderne, il ne reste plus guère de place pour les oisifs. Avec la modicité du taux de l'intérêt et les charges croissantes de l'impôt, les revenus des fortunes moyennes sont en train de s'évaporer. Le temps des succès faciles est passé. Au milieu de la mêlée des candidats chacun sera obligé de se frayer un chemin par une poussée vigoureuse d'intelligence et d'énergie. Pour un qui émerge, combien resteront en route, meurtris, désabusés, regrettant les années et les efforts perdus. Lorsque ces vaincus de la vie voudront recommencer leur carrière, il sera trop tard pour en chercher une autre.

« Dans nos jeunes colonies au contraire tout est neuf ; la place est à prendre tout entière. Prenez-la résolument avec la certitude qu'en servant la patrie, vous servez en même temps votre propre intérêt. »

Une telle page se passe de commentaires. S'il m'était permis de former un vœu, je voudrais que par les soins de l'Union Coloniale elle soit placardée dans toutes les écoles de France.

Les adjurations pressantes que l'éminent académicien adresse à la jeunesse française, c'est à vous, Mesdames, qu'il convient de les renvoyer, c'est à votre cœur de femmes françaises et de mères pleines de sollicitude que va cet appel.

Si nous n'avons pas le pouvoir d'imposer une carrière à nos fils, nous avons du moins le devoir de répandre l'esprit colonial dans l'intérêt même de nos enfants.

A l'heure critique où nous vivons, dans la situation économique et sociale de notre pays, la France a plus besoin de colons que de soldats !

Notre but à tous est le même : Faire la France

aussi grande que nous le pourrons, entourer son drapeau dans nos colonies du même respect qui l'entoure en France, et enfin répandre dans le monde le nom français, les mœurs françaises, les coutumes françaises, le commerce français, l'industrie française, et l'amour du progrès et de la liberté qui fait la force de notre nation et qui fera la France plus grande, plus libre, plus puissante dans le monde !

Mais pour cela il nous faut des colons, beaucoup de colons, et je ne me lasserai point de le répéter : « La France a plus besoin de colons que de soldats ! »

PARIS.— Imprimerie PAUL DUPONT, 19, rue du Croissant.

LA QUINZAINE COLONIALE

ORGANE DE L'UNION COLONIALE FRANÇAISE

ET DU COMITÉ DE MADAGASCAR (56, rue de Provence, Paris)

Paraissant le 10 et le 25,

sous la direction de **M. JOSEPH CHAILLEY-BERT**

Secrétaire de la Rédaction : CHARLES NOUFFLARD

Prix du Numéro : **60** Centimes

ABONNEMENTS :

Paris, Départements, Alsace-Lorraine { Un an.......... **15** fr. »
Six mo's....... **8** fr. »
Trois mois..... **4** fr. **50**

Union postale : Un an, **18** fr. — Six mois, **10** fr. — Trois mois, **6** fr.

ON S'ABONNE :

A la **Quinzaine Coloniale**, 56, rue de Provence, Paris.
Chez M. **Léon Chailley**, éditeur, 41, rue de Richelieu, Paris.
Chez MM. **P. S. King and Son**, éditeurs, 12 et 14, King St West-minster, Londres.

LÉON CHAILLEY, Éditeur, 41, rue de Richelieu, Paris

www.ingramcontent.com/pod-product-compliance
Lightning Source LLC
Chambersburg PA
CBHW071519030726
47593CB00003B/1339